Kreatives Bastelset
OSTERN

978355 191359

Los geht's!

In diesem Set findest du alles für farbenfrohe Osterbasteleien:
Du kannst sofort loslegen!

Vorlagen

Bemale die Vorlagen oder benutze sie als Schablonen.

Für die Bastelideen in diesem Set gibt es viele Vorlagen. Drücke sie einfach aus den Bögen heraus. Aufgepasst: Die Vorlagen für eine Bastelei können auf unterschiedliche Bögen verteilt sein.

Papier und Seidenpapier

Bastle mit den bunten Papierbögen in diesem Set: Lege die Schablonen darauf oder schneide eigene Formen aus – für noch mehr Oster-Bastelspaß! Aus dem Seidenpapier lassen sich zarte Blüten oder andere Details basteln. Es verleiht gebastelten Geschenken den letzten Schliff.

Sticker und 3D-Modell

Verziere deine Werke mit Augen, Nasen und frühlingsfrischen Details vom Stickerbogen. Außerdem kannst du ein tolles 3D-Modell aus Pappe basteln.

Du benötigst:

Schere

Klebeband

Faden

Kleber

... und Osterschokolade!

2

Fingerpuppen

Im Frühling kommen viele Tierkinder zur Welt. Bastle lustige Fingerpuppen.

1 Drücke die abgebildeten Schablonen heraus.

2 Schneide sie aus buntem Papier aus. Für das Lamm brauchst du vier Beine und zwei Ohren.

3 Klebe deinen Tierkindern Sticker-Gesichter auf.

5 Lass dir von einem Erwachsenen beim Ausschneiden der Löcher für die Finger helfen.

4 Klebe die Teile für das Lamm zusammen.

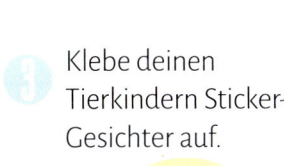

Osterkranz

Dieses farbenfrohe Kunstwerk kannst du an deine Zimmertür hängen.

1 Drücke die abgebildeten Schablonen heraus.

2 Suche dir verschiedenfarbige Papiere für die kleinen Ostereier heraus. Schneide alle Teile aus.

3 Klebe die kleinen Eier überlappend auf dem Kranz fest.

5 Klebe das geschlüpfte Küken in deinen Kranz und hänge ihn mit Klebeband oder einer Schnur an deine Tür.

4 Klebe die Eierschalen oben und unten am großen Ei fest. Mit Stickern wird das Ei zum Küken.

Tipp: Verwende die kleine Ei-Schablone am besten zwölf Mal, um deinen Kranz mit vielen bunten Eiern zu schmücken.

Osterkörbchen

Dieses gewobene Körbchen lässt sich mit leckerer Schokolade füllen.

1 Drücke die abgebildeten Schablonen heraus.

Hier kleben

2 Benutze die Schablonen und schneide alle Formen aus Papier aus. Bitte einen Erwachsenen, senkrechte Schlitze in das Körbchen zu schneiden.

3 Klebe den Korb an der Lasche zusammen und klebe ihn dann am Boden fest. Lass den Kleber vor dem Befüllen trocknen.

Tipp: Schneide den runden Korbboden ein und falte die Seiten hoch.

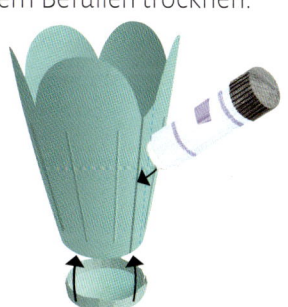

4 Webe die Papierstreifen durch die Schlitze. Beginne mit dem kürzesten unten. Klebe den Henkel an.

5 Lege den Korb mit Seidenpapier aus und fülle ihn mit leckerer Osterschokolade.

p: Am besten
ht es aus,
nn du für die
eifen eine
dere Farbe
wendest als
den Korb.

5

Blumenkrone

Der Frühling kommt – und mit ihm viele bunte Blumen. Bastle dir eine reich verzierte Blumenkrone.

① Drücke die abgebildeten Schablonen heraus.

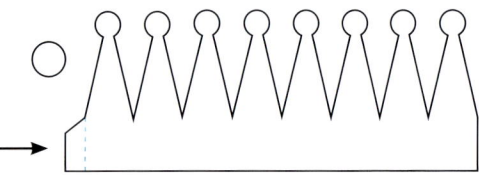

② Ziehe die Zacken-Schablone so oft auf buntem Papier nach, dass die Krone später um deinen Kopf passt. Schneide alles aus.

③ Klebe die Zacken an den Laschen zu einer runden Krone zusammen.

④ Du kannst die Krone mit den schönen Tulpen- oder Möhrenstickern verzieren.

⑤ Aus Seidenpapier und einem klein Kreis aus buntem Papier kannst du tolle Blüten basteln und sie au deine Krone kleben.

Frisch geschlüpft!

**Bastle eine Karte mit
Überraschungseffekt:
Aus dem bunten Ei
schlüpft ein süßes Küken.**

1 Drücke die
abgebildeten
Schablonen
heraus.

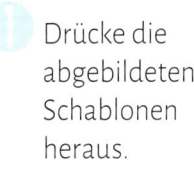
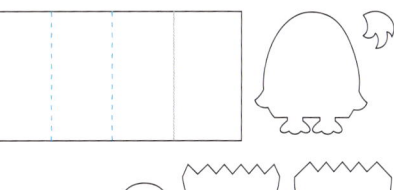

2 Ziehe die Schablonen
auf Papier nach und
schneide alles aus.
Falte die Karte an den
gestrichelten Faltlinien.

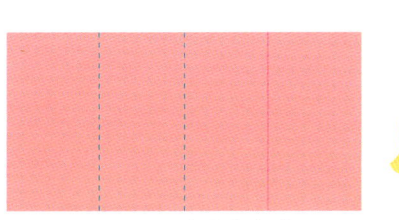

3 Klebe das Küken
zusammen und nutze
Sticker für sein Gesicht.

4 Klebe das Küken
zwischen die
Linien (siehe
Abbildung).

5 Nun kannst du die
Karte auf und zu falten.
Überraschung: Wenn
du die Karte aufziehst,
schlüpft das kleine
Küken.

Tipp: Klebe das Küken zwischen
die obere Faltlinie und die unterste
Markierung. Klebe dann unten und
oben die Eierschalen auf.

Flower-Power

Bastle farbenfrohe Blumen mit Blütenblättern aus Papierschlaufen.

1 Drücke die beiden abgebildeten Schablonen heraus.

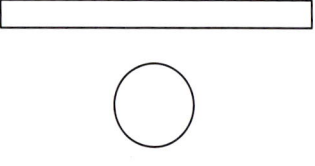

2 Falte einen Bogen Papier zwei Mal. Übertrage die lange Schablone vier Mal und schneide. Nun hast du insgesamt 16 Streifen. Schneide den Kreis für die Mitte aus.

3 Klebe alle Streifen zu Schlaufen. Klebe die Schlaufen fächerförmig aneinander fest, sodass eine Blume entsteht.

5 Rolle grünes Papier fest als Stiel zusammen. Klebe den Stiel von hinte an der Blüte fest. Du kannst auch Blätter aus Seidenpapier ankleben.

4 Klebe den kleinen Kreis in die Mitte der Blüte.

Osterhase

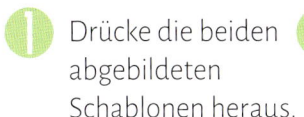

Zu Ostern versteckt der Osterhase die Eier. Bastle dir einen lustigen Hasen.

1 Drücke die beiden abgebildeten Schablonen heraus.

2 Ziehe beide Schablonen zwei Mal nach und schneide alles aus.

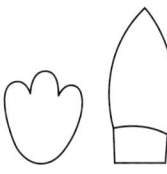

3 Schneide zwei Quadrate aus buntem Papier aus (je 9 x 9 cm). Falte sie im Zickzack wie eine Ziehharmonika.

4 Klebe die beiden Quadrate zusammen (siehe Abbildung).

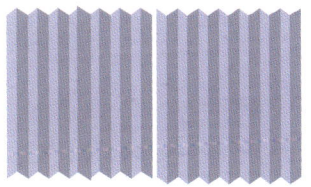

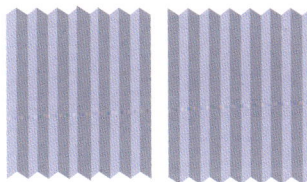

5 Drücke die Falten in der Mitte fest zusammen. Klebe dann die Enden zusammen (siehe Abbildung).

6 Klebe die Ohren und die Füße an. Du kannst den Hasen auch mit Stickern verzieren.

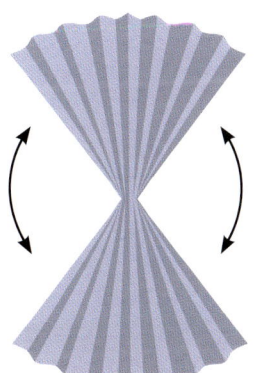

9

Volle Möhre!

Diese Möhre lässt sich ganz einfach zusammenkleben und mit leckerer Schokolade füllen.

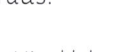

1 Drücke die abgebildete Schablone heraus.

Hier kleben ➡

Faltlinie ▶

2 Ziehe die Schablone auf buntem Papier nach und schneide die Form aus. Bitte einen Erwachsenen, zwei Löcher in die Form zu stanzen.

3 Falte entlang der gestrichelten Linien.

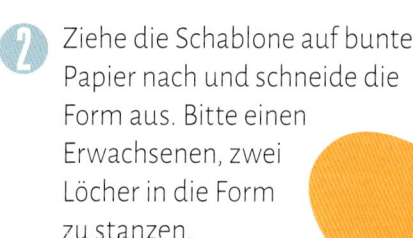

4 Klebe das Papier an der Lasche fest zusammen, sodass eine Karottenform entsteht.

5 Kleide die Möhre mit etwas Seidenpapier aus und befülle sie. Mit einem Stück Geschenkband kannst du sie verschließen.

Ein echt leckeres Geschenk!

10

Freundschaftsband

Bastle diese süße Klappkarte als Ostergeschenk für einen Freund oder eine Freundin.

1 Drücke die abgebildeten Schablonen heraus.

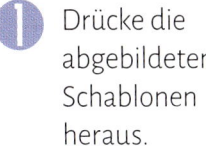

Faltlinie

2 Ziehe die Schablonen auf buntem Papier nach. Du brauchst vier Eier. Schneide alles aus.

3 Klebe die Eier auf das Armband. Klebe in der Mitte den Hasenkopf auf.

4 Klebe mit Stickern ein Gesicht auf. Klebe das Armband an der Lasche rund zusammen.

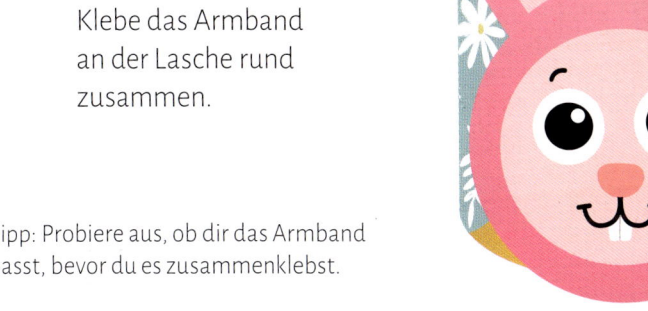

Tipp: Probiere aus, ob dir das Armband passt, bevor du es zusammenklebst.

Hüpfendes Lämmchen

Lämmchen springen gerne über die Wiese. Bastle ein lustig hüpfendes Lamm.

1 Drücke die abgebildeten Schablonen heraus.

2 Ziehe die Schablonen auf Papier nach. Du brauchst zwei Beine. Schneide alles aus.

3 Klebe das wollige Fell auf dem Kopf und Körper fest. Male die Klauen an.

4 Bitte einen Erwachsenen um Hilfe: Stanzt drei Löcher in den Körper. Befestige dann Beine und Schwanz mit Fäden am Körper.

5 Klebe mit Stickern ein Gesicht auf. Befestige mit etwas Klebeband einen Faden am Lamm, um es aufzuhängen.

Tipp: Du kannst das Lamm auch noch mit Stickern oder einer Blume aus Seidenpapier schmücken.

3D-Häschen

Dieses Häschen
sieht von allen
Seiten gut aus.

① Drücke die
abgebildeten
Schablonen
heraus.

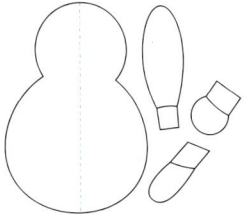

② Ziehe die Schablonen auf buntem
Papier nach: Du brauchst acht
Körper, zwei Ohren und zwei
Beine pro Hase.

③ Schneide alles aus und falte
die Körperformen in der
Mitte.

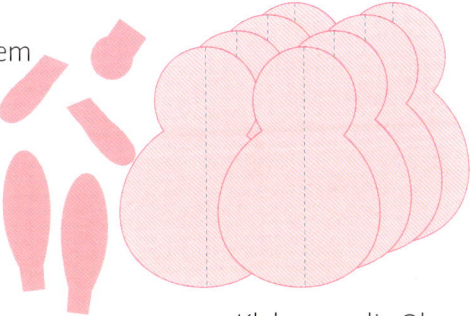

④ Klebe sieben der gefalteten
Körperformen aneinander
(siehe Abbildung). Lege
etwas Schnur ein, bevor du
die achte Form anklebst und
der 3D-Körper komplett ist.

Klebe nun die Ohren,
den Schwanz und
die Beine an. Du
kannst Sticker für die
Augen und Ohren
verwenden.

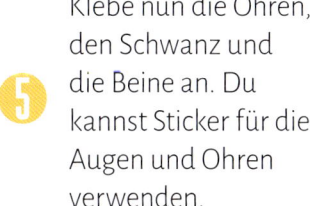

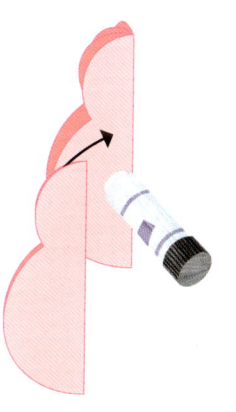

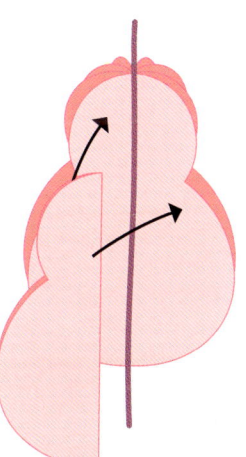

13

Origami-Hase

Aus einem Blatt Papier entsteht ein lustiges Hasengesicht.

1 Schneide ein buntes Papier zu einem Quadrat (15 x 15 cm). Falte es Ecke auf Ecke zu einem Dreieck.

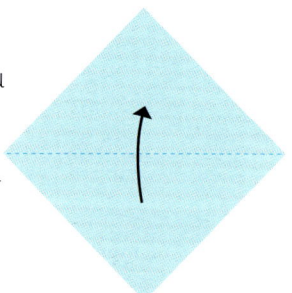

2 Falte es erneut zu einem Dreieck und öffne es wieder.

3 Falte die lange untere Kante hoch.

4 Falte nun die beiden unteren Ecken hoch zur Mittelfalte.

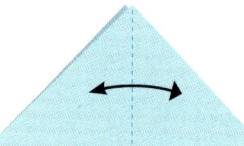

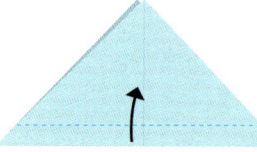

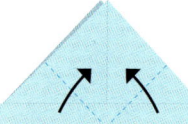

5 Drehe das Häschen um. Knicke die obere Ecke nach innen um: Nun kannst du die Ohren sehen!

6 Knicke die untere Ecke nach hinten um.

7 Klebe dem Hasen mit Stickern ein Gesicht auf.

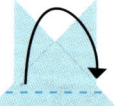

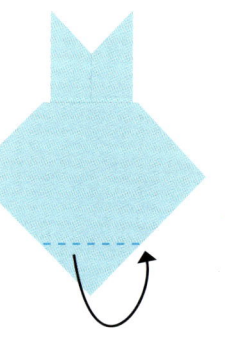

Lesezeichen

Mit diesen lustigen Lesezeichen findest du immer die richtige Seite.

1 Drücke die abgebildeten Schablonen heraus.

2 Ziehe die Schablonen nach: Du brauchst zwei Schleifen, zwei Paar Füße und zwei Eier. Schneide alles aus.

3 Klebe Wollschopf, Füße, Ei und Schleife auf das Lamm-Lesezeichen.

4 Klebe Kamm, Füße, Ei und Schleife auf das Küken-Lesezeichen.

5 Nun fehlen nur noch ein paar Sticker – fertig sind die Lesezeichen!

Auf der Osterwiese

Bastle ein buntes Zuhause für den Osterhasen und seine Freunde.

1

Drücke die Wiese aus dem Bastelbogen heraus.

2 Nun sind Haus und Dach an der Reihe: Falte sorgfältig entlang der Linien.

3 Bringe das Haus in Form und stecke die Laschen in die Schlitze auf der Wiese.

4 Stecke nun das Dach am Haus fest. Fertig ist das Osterhasen-Haus!

5 Drücke alle Tiere und Blumen heraus und stecke sie auf der Wiese fest (siehe Abbildung).

Tipp: Du kannst die Laschen auch zusätzlich festkleben.